Il Trionfo Di Clelia: Dramma Del Celebre Signor Abbate
Pietro Metastasio, Poeta Cesareo, Da Rappresentarsi
Per Musica In Bologna, Nella Primavera Dell'anno
1763, In Occasione Della Prima Apertura Del
Nuovo Pubblico Teatro Inventato Dal Celebre Sig....

Christoph Willibald Gluck, Pietro Metastasio

IL
TRIONFO DI CLELIA

DRAMMA

Del celebre Signor Abbate

PIETRO METASTASIO

POETA CESAREO

Da rappresentarsi per Musica

IN BOLOGNA

Nella Primavera dell' Anno 1763.

IN OCCASIONE DELLA PRIMA APERTURA

DEL NUOVO PUBBLICO TEATRO

Inventato dal celebre Sig. Cavaliere

ANTONIO GALLI BIBIENA

Architetto primario, ed Ingegnero
delle Loro MM. II. RR.

IN BOLOGNA

Nella Stamperia di Giam-Battista Sassi.
Con licenza de' Superiori.

L. eleg. m. 3703.

5

ARGOMENTO.

Risoluto Porsenna Re de' Toscani di ristabilir sul trono di Roma Tito Tarquinio, ultimo figliuolo di Tarquinio il Superbo, che n' era stato scacciato; andò con potentissimo esercito ad assediarla. Le istanze degli angustiati Romani secondate dall' eccessivo stupore cagionato nel Re dalla portentosa costanza del celebre Muzio Scevola, ottennero alcuni giorni di tregua, per trattar seco di pace: a patto che per sicurezza di quella si desse dagli assediati un prescritto numero di ostaggi, fra quali il più considerabile fù l' illustre Clelia, nobile donzella Romana. Le scoperte fraudolenti violenze di Tarquinio, e le replicate prove di valore date frattanto da' Romani, produssero in Porsenna (come negli animi grandi d' ordinario avviene) disprezzo, ed abborrimento per l' uno, amore, ed ammirazione

A 3   per

6

per gli altri. A segno che nell' udir finalmente
il più che viril coraggio di CLELIA nel paſſare il
Tevere a nuoto (fatto che al dir di Livio, egli
eſaltò ſopra quei di Scevola, e di Coclite) ſi
cangiò nel magnanimo Re in emulazione di gloria tutta la concepita ammirazione. Quindi
recandoſi a grave fallo il defraudar la poſterità
de' numeroſi eſempj di virtù, che dovea promet-
terſi da' primi ſaggi d' un ſimil popolo; in veco
d' opprimerlo, come potea, eleſſe di ſtringerſi ſeco
in ſincero nodo di amicizia e di pace, e di gene-
roſamente laſciarlo nel tranquillo poſſeſſo della
ſua contraſtata libertà.

Livio. Dion. Alicarnas. Plutarco. Floro. Aur. Vittore.

L' azione ſi rappreſenta nel Campo Toſcano frà la
ſponda del Tevere, e le radici del Gianicolo.

PER-

PERSONAGGI.

PORSENNA Re de' Toscani.
Signor Giuseppe Tibaldi.

CLELIA Nobile Donzella Romana ostaggio
nel Campo Toscano, destinata
sposa di Orazio.
Signora Antonia Girelli Aguillar.

ORAZIO Ambasciatore di Roma.
Signor Giovanni Manzoli.

LARISSA Figliuola di Porsenna, Amante
occulta di Mannio, e destinata
sposa a Tarquinio.
Signora Cecilia Grassi.

TARQUINIO Amante di Clelia.
Signor Giovanni Toschi.

MANNIO Principe de' Vejenti amante di
Larissa.
Signor Gaetano Ravanni.

La Musica è del rinomatissimo Signor Cavaliere Cristoforo Gluk, all'attuale servizio delle LL. MM. II. RR.

LI

LI BALLI

Sono d' invenzione, e direzione di Monsieur Augusto Hus Maestro della Reale Corte di S. M. il Re di Sardegna, eseguiti dalli seguenti.

Madame Mimi Gambucci Favier Virtuosa di Ballo di S. A. R. l'Infante di Spagna Duca di Parma ec. ec. ec.	Monsieur Augusto Hus suddetto.
Signora Maria Ester Boccherini Viganò al servizio delle Loro MM. II. RR.	Sig. Onorato Viganò al servizio delle MM. LL. II. RR.
Mademoiselle Ippolita Prin.	Sig. Antonio Porri Fiorentino.

Signora Anna Dos.

Signora Anna Cofta.

Signora Giul. Tomasini.

Signora Giuditta Calassi.

Sig. Vincenzo Bertarini.

Monsieur Franc. Raferri.

Sig. Francesco Ponzi.

Sig. Bartolomeo Ruggieri.

Sig. Giovanni Ferrarefi.

Sig. Francesco Marcuzzi.

Sig. Vincenzo Tagliavini.

Sig. Vincenzo Tinti.

Sig. Angelo Giacomazzi.

Signora Gertrude Santoli.

Signora Maria Marcuzzi.

Signora Gir. Montignani.

Signora Mar. Corticelli.

E FUORI DE' CONCERTI.

Signora Costanza Tinti Salamon. | Sig. Franc. Salamon d. di Vienna.

Il Vestiario è tutto nuovo di ricca, e vaga invenzione del Sig. Pietro Antonio Biagi Bolognese.

MUTAZIONI DI SCENE.

NELL' ATTO PRIMO.

Camere interne deſtinate a Clelia in un Real Palazzo
ſuburbano, ſituato frà le ſponde del Tevere, e le
Radici del Gianicolo, ed occupato da Porſenna in
occaſione dell' aſſedio di Roma.

Loggie Reali, dalle quali ſi ſcuopre tutto l' Eſercito
Toſcano attendato ſulla pendente coſta dell' occupato
Gianicolo.

NELL' ATTO SECONDO.

Galleria corriſpondente a diverſi Appartamenti.

Anguſto delizioſo ritiro di verdure nell' interno Real
Giardino con Statue, Sedili, e Fontane.

Fabbriche antiche alla Riva Toſcana del Tevere, ſopra
di cui il Ponte Sublicio, che naſconde uno de' ſuoi
capi alla ſiniſtra frà gli antichi nominati edificj, e
laſcia viſibile l' altro ſull' oppoſta ſponda del Fiume.

Proſpetto di Roma in lontano.

NELL' ATTO TERZO.

Orti penſili corriſpondenti alle interne Camere di Clelia,
circondati di balauſtri, e cancelli, che chiudono l' unica
uſcita, d' onde ſi ſcende ad una ſolitaria ripa del
Tevere, del quale ſi vede gran parte.

Attrij.

Reggia.

*Tutte le Scene ſuddette ſono invenzione del Signor
Cavaliere Antonio Galli Bibiena Bologneſe,
primo Architetto, ed Ingegnero Teatrale
delle LL. MM. II. RR.*

*Tutto il Mecaniſmo Teatrale è opera del egregio Signor
Petronio Nanni Machiniſta Bologneſe.*

SCENE PER LI BALLI

PER IL PRIMO.

Vasta Campagna incolta, sparsa di Capanne, e di Armenti.

PER IL SECONDO.

Folta Selva, con Fontane sorgenti da due rupi, la quale poscia si cangia nella Reggia d'Amore.

Queste Scene pure sono d'invenzione del Signor Cavaliere Antonio Galli Bibiena.

ATTO

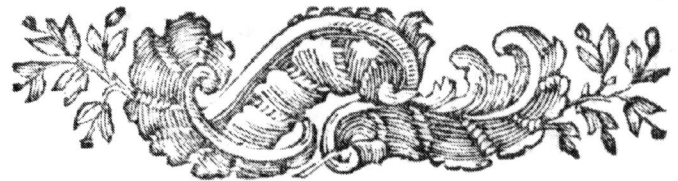

ATTO PRIMO.
SCENA I.

Camere interne deſtinate a Clelia in un Real
Palazzo ſuburbano, ſituato fra le ſponde del
Tevere, e le radici del Gianicolo, ed occupato da Porſenna in occaſione dell' aſſedio
di Roma.

CLELIA *ſedendo penſoſa appoggiata ad un*
Tavolino: la quale ſi turba nel vedere
TARQUINIO *venire a lei.*
Donzelle Romane, e Paggi con Clelia.

Clel. Ome! Oh ardir temerario!
(*a*) E chi ne' miei
Reconditi ſoggiorni a te permette
D' inoltrarti o Tarquinio?
Tar. Un breve iſtante..... (*b*)
Clel.

(a) *Eſce Tarquinio, e Clelia s' alza.* (b) *Con ſommeſſio-*
ne affettata.

Clel. Ogn'iſtante è un'oltraggio.
  Parti.

Tar. Aſcoltami ſolo.

Clel. Il chiedi in vano.
  Quì nel campo toſcano
  Clelia è oſtaggio, e non ſerva. Onde ſe nulla
  Ti cal della mia gloria, almen riſpetta
  La ragion delle genti.

Tar. E in che l'offendo?

Clel. Orribile a tal ſegno
  De'Tarquinj la fama a noi s'è reſa,
  Che ſol la lor preſenza è grande offeſa.
  Parti. (*a*)

Tar. Ah Seſto io non ſon!

Clel. Sei dell'iſteſſa
  Velenoſa radice
  Tralcio ſoſpetto.

Tar. Aſſai diverſo. Io t'offro
  Non ſolo il cor d'amante,
  Ma di conſorte ancor la deſtra.

Clel. Ignori
  Forſe che Orazio ha la mia fede in pegno?
  Per voi dunque a tal ſegno
              E'vol-

(*a*) *Siede.*

E' volgar debolezza

Ogni facro dover?

Tar. Ma, Clelia, in faccia

All' offerta d' un trono

Ogni oftacolo è lieve.

Clel. E chi d' un trono

E' il generofo donator?

Tar. Son' io.

Clel. Tu puoi donarmi un trono! E quale?

Tar. Il mio.

Clel. Il tuo!

Tar. Sì quel di Roma

Mia fuddita a momenti.

Clel. Suddita Roma ad un Tarquinio! Or

       fenti. (*a*)

Pria rifalir vedrai

Il Tebro alla fua fonte: in Oriente

Prima il dì tramontar, che al giogo indegno

Torni Roma di nuovo: e quando ancora

Per crudeltà del Fato

Serva tornaffe alla catena antica;

Morrà libera Clelia, e tua nemica.

Tar. (E pur mia diverrà.) Non ben s'accorda

                Con

(a) *s' alza.*

Con quel dolce fembiante
Sì feroce penfier. Clelia adorata
Se quefto cor vedeffi.....

Clel. Non più.

Tar. Forfe il cor mio.....

Clel. Ma con qual fronte
M'offri il tuo cor! Promeffo
A Lariffa non è?

Tar. Di ftato, o cara
La barbara ragione il genitore
M'hà nella figlia a lufingar forzato:
Ma la ragion di ftato
Su gli affetti non regna. Io Clelia adoro:
Odio Lariffa: e di Lariffa il volto
A paragon delle tue luci belle....

Clel. Con lei ti fpiega: ecco Lariffa.

Tar. (Oh ftelle!)

SCENA II.

LARISSA, *e detti.*

Paggi con Lariffa.

Tar. Qual faufto amico nume
M'offre il fulgor della mia bella face!

Prin-

Principeſſa! Idol mio!

Clel. (Che cor fallace!)

Lari. Il ſacro nodo ancora

Non ne ſtrinse, o Tarquinio: e troppo è
queſta

Amoroſa favella

Sollecita per noi.

Tar. Deh non ſdegnarti

Se gli affetti loquaci

Ribelli al mio dover....

Lari. Gli affrena, e taci.

Tar.   Sì, tacerò ſe vuoi:

Riſpetto i cenni tuoi:

Ma ſo che chi m' accende

Intende il mio tacer.

    Peno tacendo è vero:

    Ma nel penar contento

    Penſo che il mio tormento

    Almeno è ſuo piacer.

            Sì ec.

                          SCE-

SCENA III.

CLELIA, e LARISSA.

Clel. VEdefti, o Principeffa
Giammai più rea temerità? Nemico
Quì prefentarfi a me! Parlar d'affetti
Alla fpofa d'Orazio! A me la deftra
Offrir promeffa a te! Come nel feno
Potrà deftarti amore.....

Lari. Clelia, ah non più: tu mi traffiggi il core.
Io dell'amor paterno, io d'un reale
Magnanimo riguardo, io fono, amica,
La vittima infelice.
Porfenna è Padre, e Re: Re, de'regnanti
Le ragioni in Tarquinio
Generofo foftien: Padre, alla figlia
Amorofo procura
Un Trono afficurar.

Clel. Che giova il Trono
Con un Tarquinio?

Lari. Ah non è noto il nero
Suo carattere al Padre! Al Padre in faccia
Si trasforma il fallace. E il volto a' fuoi

Frau-

Fraudolenti difegni
Ubbidifce così; che fu quel volto
Modeftia l'ardimento,
L'odio amiftà fi crede,
La colpa è merto, il tradimento è fede,
Felice te, che d'amator sì degno
Puoi vantarti in Orazio!

Clel. E' ver, ma intanto
La mia Roma è in periglio: ancor lo fpofo
Per lei quì nulla ottiene: oftaggio io fono
In un campo ftranier: cinta mi trovo
Dall'infidie d'un empio: e fan gli Dei
A quale infame eccefso
Non potrebbe un Tarquinio...Ah non ignori
Orazio i rifchj miei! fcambievol cura
E' la gloria d'entrambj. Addio.

Lari. T'arrefta.
Se cerchi Orazio; io fo che a te fra poco
Quì dee venir. Seco ragiona: a lui
Confida i tuoi timori: in due divifo
Ogni tormento è più leggiero. Oh Dio!
Così potefsi anch' io
Fidare a chi l'accende
Tutto il mio core.

B   *Clel.*

Clel. Ama Lariſſa!

Lari. Il labbro

Ah fù del mio ſegreto

Negligente cuſtode! Amo, e ſevera

A tacer mi condanna

La legge del dover. Legge tiranna!

Ah, celar la bella face

In cui pena un cor fedele,

E' difficile, è crudele

E' impoſſibile dover!

Benchè in petto amor ſepolto,

Prigioniero contumace,

Frange i lacci, e fugge al volto

Con gli arcani del penſier.

Ah ec.

S C E N A   IV.

C L E L I A, *e poi* O R A Z I O.

Cavalieri Romani con Orazio.

Clel. IO più pace non ho: tutto m'ingombra

Di timor, di ſoſpetto: ove mi volgo

Ho preſente Tarquinio. Il violento

Superbo ſuo carattere: i recenti

Atro-

Atroci efempj: il mio prefente ftato....

Oraz. Clelia.....

Clel. Ah Spofo adorato!

Partiam.

Oraz. Come! Perchè?

Clel. Tutto faprai;

Partiam.

Oraz. Spiegati almen.

Clel. Quì mal ficura

E' la tua Clelia. Osò Tarquinio in quefte

Stanze inoltrarfi: osò fcoprirfi amante.

Troppo efpofta io quì fono:

Tu conofci i Tarquinj....ah non perdiamo

Caro i momenti! Andiam.

Oraz. Fermati, e calma

Bella mia fpeme il tuo timor. Che mai

Può un' efule tentar?

Clel. M' ama....

Oraz. Che t'ami:

E un difprezzato amore

L' affligga, e lo punifca.

Clel. A lui vicino

Ripofo io non avrei. Si parta.

Oraz. Ah taci!

B 2   Non

Non fi può: non fi dee: Quì tu fei pegno
Della publica fè. L' unica io fono
Speme quì della patria. A quefte cure
Gonvien che ceda ogn' altra cura.

Clel. Ingrato!

   Scopri un rival: mi vedi

   Efpofta alle fue frodi: in rifchio fei

   Di perdermi per fempre; e sì tranquillo

   Ne men cangi colore! E poi fon' io

   L' unico tuo penfiero,

   Il tuo ben, la tua fiamma? ...ah non è vero!

Oraz. Spofa or m'afcolta. Io non amai, non amo,

   Ne fon d'amar capace altro fembiante

   Che quel della mia Clelia: adoro in lei

   La bell'alma, il bel volto, i bei coftumi:

   Per lei (lo giuro ai Numi)

   Mille vite darei: ma... (Non fdegnarti)

   Clelia cede alla patria. E' Roma il facro

   Noftro primo dover. Se Orazio ingrato

   Poteffe un folo iftante

   Sì gran madre obbllar; per Clelia a lei

   Se fcemaffe un foftegno;

   Saria di Clelia ifteffa Orazio indegno.

Clel. Oh magnanimo! Oh vero

Fi-

Figlio di Roma! Il tuo parlar m'infpira
Tenerezza, e valor: perdona, a torto
Di tua fe dubitai.
T'imiterò: m'avrai
Spofa degna di te. Sull'orme illuftri....

S C E N A V.

Mannio, e detti.

Man. AMico, ha il Re defio
Or or di favellarti.
Oraz. Eccomi. Addio.
    Refta o cara, e per timore
    Se tremar mai fenti il core;
    Penfa a Roma, e penfa a me.
      E' ben giufto, o mia fperanza,
      Che t'infpirino coftanza
      La tua patria, e la mia fè.
           Refta ec.

SCENA VI.

CLELIA, e MANNIO.

Clel. PRence. Un iftante...

Man. Io deggio

Seguir...

Clel. Lo fo: ma dimmi fol fe refta

Qualche fperanza a Roma?

Man. Affai potrefte

Ottener da Porfenna. E' grande, è giufto:

Ma fi fida a Tarquinio.

Clel. E alcun di voi

Non fa difingannarlo?

Man. E' quefta appunto

L' unica cura mia: ma qualche prova

Cerco di fua perfidia. A tale oggetto

Un' anima venal fimile a lui

Vinfi con l' oro. E' di quel cor malvaggio

L' arbitra quefta, e i più ripofti arcani

A me ne fcoprirà. Solo, ah pavento!

Che la bella Lariffa

Nel cor del Genitor fpofa il difenda.

Clel. Vano timor. Lariffa

L'ab-

L'abborre, lo detesta.

Man. E' vero?

Clel. E' vero.

Và siegui Orazio.

Man. Ah dunque un fido amante
Di riscaldar quel freddo cor potrebbe
Forse sperar ancor.

Clel. Và: ti consola:
Non hai rival Tarquinio:
Non è freddo quel cor.

Man. Deh...

Clel. Tu ragioni,
E Orazio s'allontana.

Man. E' ver. (a)

Clel. M'avverti
Mannio se qualche frode
Giungi a scoprir.

Man. Se v'è per me speranza,
Seconda, o Clelia, un puro amor verace.

Clel. La mia Roma io ti fido.

Man. Io la mia pace. *parte.*

B 4 SCE.

(a) *In atto di partire.*

SCENA VII.

CLELIA.

GRazie o Dei protettori: è voſtro dono
Queſta pace ch' in petto
Mi rinaſce improvviſa. Io già riſento
Del valor dello ſpoſo,
Del gran genio di Roma
Gli eroici inviti, e li ſecondo. Io miro
Con diſprezzo ogni riſchio: e non pavento
Che poſſano atterrarmi
La perfidia o il furor, l'inſidie o l'armi.

    Tempeſte il mar minaccia:
    L'aria di nembi è piena:
    Ma l'alma è pur ſerena,
    Ma diſperar non ſà.

    In caſo sì funeſto,
    A tanti riſchj in faccia,
    Un bel preſagio è queſto
    Di mia felicità.

    Tempeſte ec.

SCE-

SCENA VIII.

Logge Reali, dalle quali si scuopre tutto
l' Esercito Toscano attendato sulla penden-
dente costa dell'occupato Gianicolo.

PORSENNA, MANNIO, *indi* ORAZIO.

*Cavalieri Toscani con Porsenna, Cavalieri
Romani con Orazio.*

Man. SIgnor pronto al tuo cenno
E' il Romano Orator.
Pors. Venga (*a*) Potessi
Dell' ostinata Roma
Vincere la virtù, senza che il sangue
Ne scemasse la gloria;
Quanto bella saría la mia vittoria!
Oraz. Hà deciso Porsenna?
Siam seco in pace, o si ritorna all'armi?
Pors. Da te dipenderà.
Oraz. Libera è Roma
Se dal mio voto il suo destin dipende.
Pors.

(a) *Parte Mannio;*

Porf. Siedi (Che bell'ardir!) (*a*)

Oraz. (Che dirmi intende?) (*b*)

Porf. Orazio: I noftri voti

Non fi oppongon fra lor. Tu la tua Roma

Ami: io l'ammiro . E' il tuo maggior defio

La fua felicità: la bramo anch' io.

Fabbrichiamola infieme. A sì bell'opra

Son dannofi compagni

La ferocia, il difpetto, e l'odio antico.

Quì l'amico frà noi parli all'amico.

Oraz. Bramare altra i Romani

Felicità non fanno,

Che la lor libertà.

Porf. Che cieco inganno!

Quefta che sì t'ingombra

Idea di libertà, credilo amico,

Non è che una fognata ombra di bene.

Son varie le catene;

Ma fervo è ogn' un che nafce. Uopo hà

ciafcuno

Dell' affiftenza altrui. Ci unifce a forza

La comun debolezza; ed a vicenda

L'un ferve all'altro.

Oraz.

(*a*) Siede. (*b*) Siede.

Oraz. Agli affetti privati

Non mai d' un folo, alla ragion di tutti
Effer vogliam foggetti. A noi per prova
E' noto, e non a te, fe de Tarquinj
Sia foffribile il giogo. E' infranto: e mai
Mai più nol foffrirem. D' un tal folenne
E pubblico voler vindici fono
Tutti gli Dei da noi giurati. A morte
Là deftinato è ogn' uno,
Che fogni fervitù. Qual fangue hà tinto
Già la fcure paterna
Ignorar tu non puoi. Roma non vanta
Un Bruto fol: tutti fiam pronti in Roma
A rinnovar, per fommigliante eccefso,
Sulla tefta più cara il colpo ifteffo.

Porf. Ma fe voi non convince

Altra ragion che l' armi,
Ad onta del mio cor, dovrò felici
Rendervi a forza.

Oraz. A forza! Ah tu non fai

Porfenna ancor quanto l' imprefa è dura. (*a*)
Tutto fra quelle mura
E' libero, e guerrier. Là quanto hà vita

Fi-

(a) *S' alza.*

Fino al respiro estremo

Quel ben difenderà, che tu contrasti;

E se scritto è ne' Fati,

Che abbia Roma a cader; cadrà: ma i soli

Trofei saranno, onde superbo ornarti

Di fronda trionfal potrai le chiome,

Le ceneri di Roma, i sassi, e il nome.

Pors. Dove?

Oraz. A Roma.

Pors. Ah t' arresta! (a)

Oraz. A che? Spiegasti

Assai l' animo avverso.

Pors. Ingiusto sei.

Ne' miei nemici ancora

Il valor m' innamora.

Oraz. E ad opprimerlo intanto....

Pors. Orazio invitto,

Basta per or. Nel violento eccesso

D' un' ardor generoso,

Che ti bolle nell' alma or ti confondi;

Calmalo: pensa meglio: e poi rispondi.

    Sai che piegar si vede

    Il docile arboscello,

Che

(a) *S' alza.*

Che vince allor che cede
De' turbini al furor.

    Ma quercia che oſtinata
    Sfida ogni vento a guerra,
    Trofeo ſi vede a terra
    Dell'auſtro vincitor.

              Sai ec.

S C E N A   IX.

ORAZIO, *e poi* TARQUINIO.

Oraz. CHe più penſar? La libertà di Roma
  Viva ſu i noſtri acciari: o ſia ſepolta
  Sotto illuſtri ruine.   (*a*)

Tarq. Orazio: aſcolta.

Oraz. Che vuoi? (*b*)

Tarq. Teco parlar.

Oraz. Fra noi con l'armi
  Si parla ſol. (*c*)

Tarq. Sentimi.

Oraz. No. (*d*)

Tarq. Di pace

(*a*) *In atto di partire.* (*b*) *Guardandolo con ſi...*
(*c*) *In atto di partire.* (*d*) *Come ſopra.*

Un vantaggioſo patto
Vengo a propor.

Oraz. Tu!

Tarq. Sì.

Oraz. Parla: ma troppo
Della mia ſofferenza
Non abuſarti.

Tarq. (Addormentar vogl'io
La vigilanza ſua.)

Oraz. Parla.

Tarq. Poſſiamo
Sol che tu voglia, all'ire noſtre imporre
Un lieto fine.

Oraz. E come?

Tarq. Odimi; e frena
I tuoi ſdegni frattanto. In te (ſi renda
Ragione al vero) han fabbricato i Numi
Un cittadino invitto,
Un eroe generoſo; e ſon tue cure
Sol la gloria, e la patria. In me (pur troppo
Tu conoſci i Tarquinj) han gli altri affetti
Un tirannico impero. Io Clelia adoro....

Oraz. Che!

Tarq. Non turbarti ancora. Io Clelia adoro,
Ro-

Roma è l'Idolo tuo. Se quella è mia,
Libera è questa. Un picciol fuoco eſtingui
Tu nel tuo ſeno; io cederò del trono
L'ambizioſo onore:
Contentiam tu la gloria, ed io l'amore.

Oraz. (Dei! Qual propoſta!)

Tarq. (Al colpo
Attonito rimaſe) E ben?

Oraz. Ma… Come?
Tu… Porſenna… Lariſſa…

Tarq. Arbitro io ſono
De' dritti miei. Riſolvi pur.

Oraz. Ma prima
E' neceſſario… io deggio…

Tarq. Orazio intendo.
Son uomini gli eroi. D'un molle affetto,
Lo ſo, trionferai;
Ma dei pugnar. Fin che la pugna dura
Ti laſcio in libertà. Reſta: e ſovvienti,
Che di Roma il deſtino
Sol dipende da te. Sarà qual voi
O libera, o in catene.
(Or che immerſo è ne' dubbj, oprar conviene.)

                                    parte.

                              SCE-

SCENA X.

ORAZIO, *e poi* CLELIA.

Paggi.

Oraz. CHe crudel facrifizio
Roma tu vuoi da me! L'avrai. Saranno
Prezzo gli affetti miei
Della tua libertà. Ma a tal novella,
Che mai Clelia dirà? Forza che bafta
Ben mi fent'io nel fen; ma il fuo dolore
Mi fgomenta, m'opprime. In quefto iftante
In faccia a lei d'articolar parole
Capace io non farei.   (*a*)
Clel. Spofo ove corri?
Oraz. (Onnipotenti Dei!)
Clel. Parlafti al Re?
Oraz. Parlai.
Clel. Deh non tacermi,
Che ottenefti da lui?
Oraz. Nulla.
Clel. Ma dunque
Già perduta è per Roma ogni fperanza?
                                        Oraz.

(a) *In atto di partire.*

Oraz. No Clelia. (*a*)

Clel. E quale è mai?

Oraz. Lasciami respirar. Tutto saprai.

 Saper ti basti, o cara,
  Che sei, che fosti ognor,
  E che il mio solo amor
 Sempre sarai.

  Che sempre, e in ogni sorte,
  Lo giuro a' sommi Dei,
  De' puri affetti miei
  L'impero avrai.

    Saper ec.

SCENA XI.

CLELIA *sola.*

Misera! Ah qual m'asconde
Sventura Orazio! E' tenero, e confuso,
Tace, sospira, e volge altrove il passo!
Giusti Numi assistenza. Io son di sasso.

    C   Mil-

(*a*) *Guardandola con compassione.*

Mille dubbj mi deſtano in petto

Quel ſilenzio, quel torbido aſpetto,

Quelle meſte - proteſte d' amor.

Ah frattanto - ben giuſto è il mio pianto:

Che ſicura - non è la ſventura,

Ma ſicuro pur troppo è il dolor.

Mille ec.

Fine dell' Atto Primo.

BAL-

BALLO PRIMO

IL RIPOSO INTERROTTO

Vasta incolta Campagna, sparsa di Capanne,
e di Armenti.

Mentre vanno pascendo in su'l meriggio le greggi, riposan-
do le Pastorelle, ed i Pastori all'ombra di alcune
frondose piante, lusingati dalla fresc'aura, e dalla naturale
amenità del sito, lascianfi in preda ad un placido sonno; in
tanto un feroce lupo frà la greggia si scaglia per farne scem-
pio, ma risvegliatafi in buon punto la vezzosa pastorella
Temira, e spaventata dall'imminente pericolo, chiama, e
sollecita alla difesa i compagni. In questo momento, giugnendo
il valoroso pastore Alceo, mosso dall'atroce caso, ma più
dall'affanno della sua diletta Temira, caccia, ed insegue
co'Pastori la Belva, della quale vittorioso poco dopo tornando, ne porta conficcato sù la punta di un dardo il teschio feroce. Tale vittoria vien celebrata da una lieta danza viva-
ce, che da pastori, e pastorelle s'intreccia. Seguono diversi
passi a due della seconda, terza, e quarta coppia de'valorosi
danzatori, doppo de quali in fine la prima coppia Alceo, e
Temira rappresenta il suo passo a due intitolato:

LI DUE PASTORI RIVALI, ED AMICI.

Ardono di egual fiamma per la pastorella Temira gl'amici
Tirsi, ed Alceo: ma dichiaratasi finalmente Temira in favore di Alceo, l'abbandonato Tirsi agitato dalle gelose sue
furie, e dimenticato dell'amicizia, vuol vendicarsi, ed assale
Alceo. Dopo breve pugna rimane esso vincitor del rivale;
ma nel punto, in cui sta per usare di sua vittoria, corre Temira
dell'amante in difesa, e traffigger minaccia il vincitor con un
dardo; Deposta in quel momento ogni fierezza l'innamorato
Tirsi cade a'piedi di Temira, e presenta ignudo il petto
a'suoi colpi. Il generoso Alceo, dal pietoso atto commosso,
e risvegliatosi in lui l'antico amichevole affetto, trattiene il
braccio dell'irata Temira. La generosità di Alceo, ammollisce,
e disarma in sì fatto modo l'appassionato Tirsi, che strettosi
l'amico frà le braccia, unisce esso medesimo dei due felici
amanti le destre, onde da varj pastori, e pastorelle, con alle-
gro ballo, si festeggia poi la riunion fortunata di amicizia, e
di amore.　　　　C 2　　　　ATTO

ATTO SECONDO.

SCENA I.

Galleria corrifpondente a diverfi
Appartamenti.

TARQUINIO *folo.*

Ei! Scorre l'ora, e col bramato
avvifo
Non giunge il mio fedele! In-
torno al folo
Mal cuftodito ponte ogn' un.
raccolto
Effer dovrebbe. Un trafcurato iftante
Impoffibil potria render di Roma
La facile forprefa! Ah qualche inciampo
Forfe... ma qual? Di me lor duce al cenno
Ubbidifcon le fchiere. In Roma ogn' uno
Sulla tregua ripofa. Orazio immerfo
Nel finto patto, in mente
Avere altro non può. Il pigro avvifo
A prevenir fi corra (*a*) Eccolo. E' pronto
Quan-

(a) *Nel volere entrar nella fcena efce il meffaggiero attefo.*

Quanto v' impofi al fin? Lode agli Dei.

Và: pel cammin più corto

Precedimi, io ti fieguo. (*a*) Eccomi in porto.

Ma non è quegli Orazio? E' d' effo. Oh come

Mefto, lento, e confufo,

S' avvanza a quefta volta! Alla fua bella

L' immaginato patto

Và il credulo a proporre. Ei vada: e mentre

In teneri congedi

Si tormentano i folli, e che non fono

D' altra cura capaci, io volo al Trono.

parte.

SCENA II.

ORAZIO.

Cavalieri Romani.

Dei di Roma, ah perdonate!

 Se il mio duol moftro all' afpetto,

 Nello fvellermi dal petto

 Sì gran parte del mio cor.

Avrà l' alma, avrà la palma

 De' più cari affetti fuoi:

C 3   Ma

(*a*) *Parte il meffaggiero.*

Ma è ben dura anche agli eroi
Questa fpecie di valor.
Alla tua tenerezza
Donafti Orazio affai. Ceda una volta
L'amante al cittadin. Si cangia in colpa
Ormai l'indugio. Il fuo deftin fia noto
Alla mia Clelia alfin. Clelia è Romana,
E per la patria anch'effa
Saprà...ma viene. Ah perchè mai s'affretta
Agitata così! L'indegno patto
Alcun le fè palefe.

SCENA III.

CLELIA, e detto.

Paggi.

Clel. CHi mai finora intefe
Più enorme fceleraggine, e più rea!
Oraz. Che avenne?
Clel. Ah Roma in breve
De' perfidi nemici
Fia mifero trofeo.
Oraz. Come!

Clel.

Clel. A dispetto
  Della giurata fede
  Van gli empj ad assalirla.

Oraz. (Oimè! Sarebbe
  L' offerto patto mai
  Un fraudolento inganno?) Onde il sapesti?

Clel. Da Mannio.

Oraz. Eterni Dei! (*a*)

Clel. E' sicuro l' avviso:
  Non dubitar del tradimento orrendo.

Oraz. Ah tardi or di Tarquinio io l' arti intendo!
  Addio. (*b*)

Clel. Dove?

Oraz. A Porsenna.

Clel. E chi difende
  La patria intanto?

Oraz. E' ver. Tu corri a lui:
  A Roma io volo. (*c*)

Clel. E per qual via? Ci parte
  Da quella il fiume: ed occupa il nemico
  L' unico angusto ponte.

Oraz. Aprirmi il passo

C 4 Sa-

(a) *Pensoso.* (b) *Risoluto dopo aver alquanto pensato.*
(c) *In atto di partire.*

Saprò col ferro. (*a*)

Clel. Ah no, ti perdi: e Roma
Così non falvi.

Oraz. Un folitario varco (*b*)
Dunque fi cerchi altrove.

Clel. E quale avrai
Nel varco perigliofo
Inftromento, o foftegno?

Oraz. Qualunque. Un palifchermo, un tronco, un ramo,
Tutto è baftante: e s' ogn' inchiefta è vana;
L'invitto all'altra fponda
Genio Roman mi porterà per l'onda. (*c*)

Clel. Odi. E degg'io frà quefti
Perfidi rimaner?

Oraz. Sì: fin' ad ora
Immaturo è il lor fallo, e il tuo farebbe
Nella fuga efeguito: onde potrefti
Tu della rotta fede
Parer la prima rea. Dee chi fi fente
Un cor Romano in petto
Evitar della colpa anche il fofpetto.
Addio. (*d*)   *Clel.*

(*a*) *Come fopra*: (*b*) *Penfa un'iftante*: (*c*) *In atto di
partire*. (*d*) *In atto di partire*.

Clel. Sentimi.

Oraz. Ah lascia

    Clelia, che al mio dover...?

Clel. Sì: và ti cedo

    Volontieri alla patria: a lei confacra

    E la mente, e la man. Ma non fcordarti

    Ne di te, ne di me. Non già il nemico,

    Tu mi fai palpitar. So ben fin dove

    Spinger ti può quel, che ti bolle in feno

    Vafto incendio d'onore. Oh Dio rammenta,

    Che tuo tutto non fei: (*a*)

    Che i tuoi rifchj fon miei: che fol dipende

    Dalla tua la mia vita:

    Che comune è il dolor d' ogni ferita.

Oraz. Spofa... Io fo... (Da quel pianto

    Difendetemi, o Dei.) Spofa... Tu... Roma...

    Addio. (*b*)

Clel. Così mi lafci?

    E forfe, oh Dio, per fempre!

Oraz. Ah coi nemici

    Clelia non congiurar. Di molli affetti

    Tempo or non è. Compiamo

    Entrambi il dover noftro;

                  Gli

(a) *Piange.* (b) *In atto di partire.*

Gli Dei curino il resto. Addio. Ti lascio
Frà l'insidie; lo so: ma Clelia assai
Conosco, e son tranquillo. Andar mi vedi
A sfidar mille rischj; è ver: ma sai
Quale ai Romani inspiri
Vigor la patria, e assicurar ti dei.
Per qual ragion dobbiamo
Palpitar l'un per l'altro? Ah nò; non soffra
Tale insulto da noi quel che distingue
I figli di Quirino ardir natio.
Io ti fido al tuo cor: fidami al mio.

Clel.   Sì ti fido al tuo gran core:
       Và: combatti amato bene,
       E ritorna vincitor.

Oraz.   Sì ti fido al tuo bel core,
       E il valor, ch'or te sostiene
       E' sostegno al mio valor.

Clel.   Parti.
Oraz.   Addio.
Clel.   Morir mi sento.
Oraz.   Ah, ricordati chi sei.
a 2   Proteggete amici Dei
       Tanto amore, e tanta fe.

                           Quan-

Quando accende un nobil petto
E' innocente è puro affetto
Debolezza amor non è. (a)

S C E N A   IV.

Angusto delizioso ritiro di verdure nell' interno Real Giardino con Statue,
Sedili, e Fontane.

PORSENNA, e LARISSA.

Paggi con Larissa.

Pors. LArissa io non intendo. Ond' è che
    mesta
Sempre mi torni innanzi?
Obblìa per ora
Il Padre, il Re: parla all' amico: e tutto
Scoprimi il cor. So che non sei capace
D'affetti onde arrossirti: e non pretendo
Sacrificio da te.
Lari. Ben grande intanto
  E' il donarsi a un Tarquinio.
Pors. E perchè?

                             Lari.

(a) *Partono.*

Lari. L'odio.

Porf. Ah de' Vejenti il Prence

Figlia...

Lari. E' vero. All'amico, al padre mio...

S C E N A V.

CLELIA *furibonda, e detti.*

Paggi con Clelia.

Clel. FRà qual gente, o Porfenna, ove
    son' io?

Son frà Tofcani, o frà gli Sciti? E' noto

Il facro delle genti

Comun dritto frà voi? Fra voi l' inganno

Gloria, o viltà fi crede?

V'è idea frà voi d'umanità, di fede?

Porf. Qual fantafma improvvifo

    T'agita, o Clelia? Onde quell'ira?

Clel. E come,

    Tranquilla fpettatrice

Soffrir degg' io, che d' una tregua ad onta,

Che me pegno frà voi, Roma fi vegga

Empiamente affalita? E non è reo

Di

Dì nero tradimento
Chi macchinò tal frode?

Porf. E reo d' ingiufta
Temerità chi noi
Può crederne capaci.

Clel. Affai parlan gli effetti

Porf. E gli occhj tuoi
Teftimonj ne fon?

Clel. No: ma pur troppo
All' orecchio mi giunfe.

Porf. E fulla fede
D' un incerto rumor tu noi condanni?

Clel. E' l' avvifo...

Porf. E' fallace.

Clel. Il tuo Duce...

Porf. Io conofco.

Clel. E pur...

Porf. Clelia ah non più! Per ora al troppo
Credulo feffo, al giovanile ardore,
Della patria all' amore,
Bello ancor quando eccede, i tuoi perdono
Mal configliati impetuofi detti:
Ma in avvenir rifletti,
Che ad altri ancor la propria gloria è cara:
E a giudicar con più lentezza impara.   Sol

Sol del Tebro in su la sponda
Non germoglia un bell' orgoglio:
D' alme grandi al Campidoglio
Sol cortese il ciel non fù.

Altre piaggie il Sol feconda:
V' è chi altrove il giusto onora:
Scalda i petti altrove ancora
Qualche raggio di virtù.

Sol ec.

SCENA VI.

CLELIA, e LARISSA.

Paggi.

Lari. TRoppo amica eccedesti.
Come creder potesti autor di tanta
Perfidia il Padre mio?
Clel. Senza sua colpa
Non può Tarquinio...
Lari. E' quì Tarquinio il Duce
Non il Sovran; sì temeraria impresa
Non tenterà. Conosce il Padre; e intende
Che l' odio suo per sempre
Si renderìa con l' attentato indegno

O vin-

O vinto, o vincitor.

Clel. Ma Principeſſa,
Vien da Mannio l'avviſo.

Lari. Un ſogno, un' ombra,
Baſta a turbar d'un fido amico il core.
Credimi ei s'ingannò.

Clel. Lo bramo; e ſento
Quanto poco è diſtante
Dal credere il bramar.

Lari. Deh più coi vani
Spaventi tuoi non tormentar te ſteſſa!

Clel. (Orazio, oh Dio! partì.)

Lari. Mannio s'appreſſa.

S C E N A VII.

MANNIO *e dette.*

Clel. AH Prence amico il tuo ſoverchio zelo
A quai riſchj m'eſpoſe! Io ſull' avviſo
Che creduto hò ſicuro...

Man. E qual ragione
Dubbio, o Clelia, or tel rende?

Clel. Che!

Lari. Dunque è ver?

Man.

Man. Pur troppo.

Clel. Ohimè! Ma falfa
Sarà forfe la voce.

Man. Ah no. Di tutto
M'afficurai prefente.

Lari. Oh frode!

Clel. E fono...

Man. E fon l'etrufche fchiere
Già inoltrate all'affalto.

Clel. E i difenfori...

Man. E i difenfori il paffo
Abbandonando vanno.

Clel. E il ponte

Man. E il ponte
Forfe è già fuperato.

Clel. E Roma...

Man. E Roma
Forfe già frà catene
Soffre dal vincitor l'ultimo fcorno.

Clel. O patria! O fpofo! O fventurato giorno! (a)

Man. Ove corri?

Lari. Ove vai?

Clel. Se alla Romana libertà prefcritto

In

(a) *In atto di partire.*

In questo dì gli Dei
Anno il suo fin; vado a finir con lei. *parte*.

SCENA VIII.

LARISSA, e MANNIO.

Lari. SEguila, o Prence.

Man. Oh Dio!
E mi scacci così? Ma qual mio fallo
Sì odioso a te mi rende?

Lari. La pietà, che hò dì Clelia
Odio per te non è.

Man. Ma è più crudele
L' indifferenza tua.

Lari. Non è... T'affretta:
Clelia è già lungi.

Man. Ah che pur troppo intendo
L' infelice mio stato.

Lari. (E pur s'inganna.)
Come! Ancor non partisti?

Man. Addio tiranna. (*a*)

Lari. Senti.

Man. Che vuoi?

D

Lari.

(a) *Partendo*.

Lari. (Mi fà pietà. Comprenda
   Almen, che entrambi, oh Dio! siamo infelici;
   Ch' io l' amo... Ah non sia ver.)

Man. Parla: che dici?

Lari.   Dico, che ingiusto sei:
   E che del par m' affanni,
   Se d' odio mi condanni,
   Se chiedi amor da me.
    Me condannar non dei,
   Giacchè ignorar non puoi,
   Che degli affetti suoi
   Arbitro ogn' un non è.
                   Dico ec.

SCENA IX.

MANNIO *solo.*

MA frà tutti gli amanti
Chi sfortunato è al par di me? Che un labbro
Giuri d' amar mentre l' ignora il core,
Or nel regno d' Amore
E' linguaggio comun: quasi divenne
Un cortese dover. L' unica forse
Solo incontrar degg' io
                   Al-

Alma di giel, che se mercede io bramo,

Nè men per ingannar vuol dirmi, io t'amo.

Vorrei, che almen per giuoco

Fingendo il mio bel Nume

Mi promettesse il cor.

Chi sa, che a poco a poco

Di fingere il costume

Non diventasse amor.

Vorrei ec.

S C E N A X.

Fabbriche antiche alla Riva Toscana del Tevere, sopra di cui il Ponte Sublicio, che nasconde uno de' suoi capi alla sinistra frà gli antichi nominati edificj, e lascia visibile l' altro sull' opposta sponda del fiume. Prospetto di Roma in lontano.

All' aprirsi della Scena si vedono fuggir verso di Roma i pochi Custodi del Ponte sorpresi dall' arrivo de' Toscani, che in ordine lentamente s' inoltrano dalla sinistra sul medesimo. Indi ORAZIO entrando dalla destra sul Ponte abbandonato s' avanza dicendo:

Oraz. NO traditori, in Ciel di Roma il fato

Non è deciso ancor. Sarà bastante

A punir sceleragine sì nera

Orazio sol contro l' Etruria intera.

*Affronta i nemici a mezzo il Ponte : si combatte, si vedono
cader nel fiume uccisi, ed urtati alcuni de' Toscani, che
finalmente cedendo lasciano libero il Ponte. Orazio allora
tornando alcun passo indietro parla a' suoi :*

Ecco il tempo, o Romani : Ardir : gli Dei
Pugnan per noi. Quest' unico si tronchi
Passo a' nemici. Alle mie spalle il Ponte
Rovinate, abbattete. Il ferro, il fuoco
S'affretti all'opra. In tanto il varco io chiudo;
E il petto mio vi servirà di scudo.

SCENA XI.

TARQUINIO, e detto.

*Mentre ORAZIO si trattiene a dar gli ordini per il taglio
del Ponte, e che si veggono venire Soldati, e Guastatori
con faci, ed istromenti per eseguirlo; escono sull' innanzi
dalla sinistra i Toscani fuggitivi seguiti da TARQUINIO,
che con spada alla mano gli arresta dicendo :*

Tar. DOve, o codardi? A chi vi fuga almeno
Volgetevi a mirar. Colà del vostro
Vergognoso spavento (a)
Vedete la cagion. Macchia sì nera
Deh a cancellar tornate! Ah non perve
Ai secoli remoti

Ta-

(a) *Accennando Orazio.*

Tale infamia di voi. Non si rammenti
Un dì per vostro scorno,
Che fù da un ferro solo
Un' esercito intero oggi respinto:
Che un sol Roman tutta l' Etruria hà vinto.

*Preceduti da TARQUINIO corrono i Toscani a rinovar
l' assalto rientrando per la sinistra. In tanto avendo già le
fiamme cominciato ad impadronirsi della parte opposta del
Ponte, si veggono alcuni Romani sollecitare ORAZIO
a mettersi in sicuro: a' quali*

Oraz. No compagni io non voglio
Il passo abbandonar. Finchè non sia
Questo varco interotto in me ritrovi
Un' argine il Toscano. Alle mie spalle
Franchi il Ponte abbattete:
Non vi trattenga il mio periglio. Abbiate
Cura di Roma, e non di me. Del Cielo
Io col favore antico
Saprò... L' opra s' affretti. Ecco il nemico.

*ORAZIO và ad incontrare i Toscani a mezzo il Ponte, e
gli trattiene combattendo. In tanto crescono, e s' impa-
droniscono le fiamme di quella parte del medesimo, che ap-
poggia sulla sponda Romana, la quale cedendo finalmente
alla violenza del fuoco, a' colpi, ed agl' urti de' numerosi
Guastatori, stride, vacilla, e ruina. Spaventati i Toscani
dal terribile fragore della caduta, precipitosamente fuggendo lasciano vuoto il Ponte: e sulla parte intera di quello
si vede Orazio rimanere intrepido, e solo.*

S C E N A XII.

CLELIA *frettolofa, e fpaventata,*
e Detto.

Clel. AH da' cardini fuoi
Par, che fcoffa la terra... Oimè! Che miro!
Orazio... Oh Dio!... Per qual
Impenfata fventura...
Oraz. Rendi grazie agli Dei. Roma è ficura.
Clel. E tu? Ma perchè tien così nel fiume
Fiffo lo fguardo mai!
Oraz. Padre, Tebro,
Clel. Ah, che fai? (*a*)
Oraz. L'armi, il guerriero,
Per cui libero ancora il corfo fciogli,
Nel placido tuo fen propizio accogli. (*b*)
Clel. Mifera me! (*c*)

SCE-

(a) *Spaventata.* (b) *Balza nel fiume.* (c) *Corre*
alla riva del fiume.

SCENA XIII.

CLELIA nell' indietro alla sponda del fiume inquieta della sorte d'Orazio. TARQUINIO nell' innanzi senza vederla.

Tar. Barbaro Fato! Ah dunque
A danno de' Tarquinj il tuo furore
Ancor non si stancò. Di mie speranze
Il più bel filo ecco reciso. Incontro
Per tutto inciampi. Or qual cagion condusse
Orazio all'altra sponda? A' miei fedeli
Come invisibil fù? Seppe il disegno,
O lo sognò? Son fuor di me. Si pensi
Or de' disastri a far buon uso. Il patto
Violato da me sembri a Porsenna
Perfidia de' Romani : e ne sia prova
Il passaggio d'Orazio.

Clel. Alfin la mia
Moribonda speranza or si ravviva :
La Patria si salvò : lo Sposo è a riva.
Quì Tarquinio! S'eviti : i miei contenti (*a*)
Non turbi un tale oggetto. (*b*)

D 4 *Tar.*

(*a*) *Si veggono l'un l'altro.* (*b*) *In atto di partire.*

Tar. Ah Clelia ingrata!
   Perchè fuggi da me?
Clel. Perchè non curo
   Di vederti arroffir.
Tar. Come è capace
   Mai di tant'odio il tuo bel cor?
Clel. T'inganni.
   Io t'odierei felice: or ti difprezzo
   Traditor sfortunato.
Tar. Ah! tanti oltraggi
   La fedeltà della mia fiamma antica
   Non merita da te bella nemica.
Clel.   Io nemica? A torto il dici:
     Gli hai nell'alma i tuoi nemici:
     E con te l'altrui rigore
     Or farebbe crudeltà.
      Soffre pena affai funefta
      Un malvaggio, a cui non refta
      Altro frutto, che il roffore
      Della fua malvagità.
             Io ec.

SCENA XIV.

TARQUINIO *solo.*

MA qual mai sì poffente,
Incognita magìa tutto a coftei
Dà l'Impero di me! Fin co' difprezzi
Coftei m'infpira amor. Clelia hò nell'alma,
Clelia hò nel cor, e ovunque io volga il paffo
Col penfier la dipingo in ogni faffo.
E fe Porfenna mai (le fue conofco
Generofe follìe)
Rotta la tregua or la rendeffe? Ah quefto
Colpo fi eviti. Andiamo
Clelia a rapir... ma intanto
Se Porfenna efeguiffe... Ecco il riparo.
Avverta un foglio il mio fedele: e mentre
Ei fi apprefta al bifogno, al Re pofs'io
Volar frattanto. Ardua è l'imprefa: e forfe
Della forte al favor troppo io mi fido:
Ma chi trema del mar dorma fu'l lido.

Non

Non fperi onufto il pino
Tornar di bei tefori,
Senza varcar gli orrori
Del procellofo mar.

   Ogni fublime acquifto
   Và col fuo rifchio infieme:
   Quefto incontrar chi teme,
   Quello non dee fperar.

             Non ec.

Fine dell' Atto Secondo.

BAL-

LE FONTANE INCANTATE

Folta Selva con Fontane forgenti da due rupi, la quale in fine fi cangia nella reggia di Amore.

NElla famofa Selva di Ardenna, in mezzo a cui da due diverfe forgenti fgorgano le fonti dell' odio, e dell'amore, orrida la prima, ed infame per li moftri, che vi s' aggirano intorno, lieta, ed amena la feconda, e fparfa di frefchi gigli, e di rofe giugne foletta la bella Angelica. L' innamorato Rinaldo, in compagnia di alcuni guerrieri amici la fegue, la cerca, e quì la rinviene, ma in darno; poichè la cruda Donna, ufando dell' incantato anello fen fugge, malgrado di chi pur ritener la vorrebbe, e lafcia in maggior affanno l' amante. Aggitato effo da fuoi crudi penfieri, fi accofta alla fontana dell' odio, e ne beve, e tofto, per naturale effetto di sì maligna bevanda, odia colei per cui poc'anzi languiva vergognandofi della propria debolezza, e nulla più di quella curando, giace tranquillo fu l' verde piano, e fi adormenta. Intanto ivi tornando Angelica colla fchiera feguace di alcune vaghe Donzelle, vedendo Rinaldo vuol partire, ma vinta dalla fete, attinge, e beve le acque della fonte d' amore, per virtù delle quali arde d' improvifa fiamma per l' adormentato guerriero, il vagheggia, e fpargendolo di fiori, lo fveglia. Alla vifta della odiata donna vuol fuggire Rinaldo, per ritenerlo a nulla vagliono le preghiere, e i pianti di Angelica, e li deboli sforzj delle feguaci Donzelle: ma Cupido, da Angelica fteffa invocato, volando dalla fua fonte, di una faetta il ferifce, e del primiero fuoco lo accende, Li due felici amanti ne ringraziano Amore, ed effo efigge dal valorofo Rinaldo, che la fontana del nemico odio fi ftrugga. Rinaldo, co' guerrieri amici fi accingono all' opra, allor quando, aprendofi l' aborrita fonte in uno fpaventevol antro, sbucano le furie e l'odio, che, armati di faci, e di cerafte, contro ai guerrieri s' avventano. Dopo feroce pugna Rinaldo, li guerrieri, ed Amor: fteffo, trionfano, e i vinti fi rintanan fuggendo, onde pofcia, ad onta delle magiche tenebre che fi fpargono, e degli orrendi lampi, e de folgori, che fcorron l'aria, diroccafi l' orribil fonte. Allora Cupido cangiando in un momento la folta Selva, nella fteffa fua reggia, al trono afcende, ed ivi con varie lietiffime danze, la fconfitta dell' odio, ed il trionfo d' Amore fi fefteggia. A ſ-

ATTO TERZO.

SCENA I.

Orti penfili corrifpondenti alle interne Camere
di Clelia, circondati di balauftri, e cancelli,
che chiudono l'unica ufcita, donde fi fcende
ad una folitaria ripa del Tevere, del quale fi
vede gran parte.

CLELIA *fola*.

M A Lariffa che fà? la fua tardanza
M'incomincia a turbar. Sà pur
che il Padre
Contro i Romani a torto
Arde di fdegno, e che mercè
la rea
Calunnia di Tarquinio,
Noi crede i primi affalitori: or come
M'abbandona così! Sovraftan forfe
Per me nuovi difaftri, o nuovi inganni?
Ah non fo figurarmi altro, che affanni!
Tanto efpofta alle fventure,
Tanto al Ciel mi veggo in ira,
Che

Che ogni zeffiro che spira,
 Parmi un turbine crudel.
Segna timido, e incostante
 Orme incerte, e mal sicure;
 Nè ritrova il piè tremante
 Un sentier, che sia fedel.

Eccola alfin... No: m'ingannai: di Mannio
E' il consueto messo: e un foglio hà seco. (*a*)
Oimè! T' affretta amico: ah, quì osservarti
Potrebbe alcun: porgimi il foglio, e parti. (*b*)
Che mai farà? Ma questi
I noti a me di Mannio
Caratteri non son. Tarquinio! Intendo
L' avventura qual sia:
Mannio il foglio hà intercetto, e a me l'invìa.
Leggiam.

Già che di Roma
La sperata sorpresa
Il Ciel non secondò; dì Clelia io voglio
Assicurarmi almen. Le tue, mio fido,
Parti saran raccorre
Armi, e destrieri, e attendermi celato
Del Gianicolo a tergo; ed il rapirla

        Sa-

(*a*) *Esce un Guerrier Toscano.* (b) *Le dà un foglio, e parte.*

Saran le mie. Pria, che tramonti il Sole,
A te con lei verrò. Dal labbro mio
Ivi saprai dove condurla. Addio.

     Tarquinio.

Oh fausti Numi!
Oh Mannio amico! Oh me felice! Alfine
Ecco trionfa il vero: ecco l'indarno
Bramata tanto indubitata prova
Della perfidia altrui. Quì di sua mano
Si accusa il traditor. Questo è un contento,
Che mi toglie a me stessa. Al Re si voli,
Si prevenga l'insidia: ah già vorrei,
Che scoperta ogni frode... (*a*) Eterni Dei!
Quei, che da lungi io miro, ed hà sì folto
Armato stuolo appresso,
Non è Tarquinio? Ah che pur troppo è desso.
Già l'enorme attentato
L'empio a compir s'affretta. Ah non credei
Il rischio sì vicin. Fuggasi... e d'onde?
A destra alcuna uscita
Non hà il Reale Albergo:
A sinistra hò Tarquinio: hò il fiume a tergo.
Ma si tenti quei chiusi

     Can-

  (a) *Mentre vuole entrar frettolosa alla sinistra, vede*
Tarquinio da lontano.

Cancelli differar. (*a*) Refpiro. Aperto
Or che un varco è alla fuga ... Oimè! D'armati
Quinci, e quindi occupate
Son da lungi le ripe. I fuoi feguaci
Quefti faranno. Or fon perduta. Aita,
Configlio, o Numi. Ah preffo
E' già Tarquinio! Ove m'afcondo? Un ferro
Chi per pietà mi porge?
Chi per pietà? ... (*b*) Ma fino al Tebro è pure
Libero il paffo. Ardifci, o Clelia. A terrã
Vada ogni impaccio, (*c*) e il fiume
Si varchi, o fi perifca. Almen d'onore
Memorabile efempio
Sarai preda dell'onde, e non d'un empio. (*d*)
Grazie, o Dei protettori: inafpettato
Ecco un deftriero. Accetto
E l'augurio, e l'aita:
E' ficuro il tragitto: il Ciel m'invita. (*e*)

SCE-

(a) *Apre il cancello*. (b) *Penfa*. (c) *Getta il mante*.
(d) *Corre, e s'arrefta al cancello*. (e) *Scende al fiume*
per il cancello.

S C E N A II.

Tarquinio dalla finistra, e poi Larissa
dal medefimo lato.

Paggi con Lariffa.

Tar. Dove s'afconde mai? So pur, che
altrove
　Effer Clelia non dee. Clelia ove fei? (*a*)
Lari. Giufto Ciel! Quì Tarquinio! Al colpo affai
　L'indegno s'affrettò. Giunfi opportuna
　Dell'amica all'aita. Ei, me prefente
　Non oferà... Ma il manto
　Perchè di Clelia a terra! E quei per ufo
　Sempre chiufi cancelli
　Chi differò. (*b*) Mi trema il cor. Che miro!
　Ah quel deftrier, che a nuoto
　Il fiume là fà biancheggiar divifo
　Clelia non preme il dorfo? Ah la ravvifo!
Tar. Clelia! Ah la cerco in vano.
　Qual giuoco oggi fon'io d'iniqua ftella!
　Clelia?

Lari.

(*a*) *Entra a deftra.* (*b*) *Si vede Clelia paffare il fiume.*

Lari. Clelia fe vuoi, guardala, è quella.

Tar. Come! Ah quafi io non credo agli occhj miei.

Lari. Affiftetela, o Dei!

Tar. Quefto impenfato

Colpo crudele è un fulmine improvvifo,

Che attonito mi rende. Or che rifolvo?

Clelia feguir? Placar coftei? Porfenna

Correre a prevenir? L'ufato ardire

Oimè, par che mi lafci in abbandono!

Parto? Refto? Che fò? Confufo io fono. (*a*)

S C E N A III.

LARISSA *fola.*

OH Dio! già dal mio fguardo

Si dileguò. Mifera Clelia! Ah forfe

Perì la fventurata!

Anima fcelerata

Per te... Dov'è? Partì. La mia prefenza,

L'iniquo non foftenne. Ecco fi perde

Con Clelia il foglio accufator. Ma quando

Santi Numi una volta

Quando farà, che a fronte

E   Del

(*a*) *Parte dalla finiftra.*

Del vizio ognor trionfatore invitto,
La povera virtù non fia delitto.

   Ah ritorna età dell' oro
   Alla terra abbandonata:
   Se non fofti immaginata
   Nel fognar felicità.

    Non è ver; quel dolce ftato
    Non fuggì non fù fognato:
    Ben lo fente-ogni innocente
    Nella fua tranquillità.

             Ah ec.

S C E N A   I V.

Atrj.

PORSENNA, e TARQUINIO.

Nobili Tofcani con Porfenna, e Guardie.

Porf. Tarquinio il fo: del violato patto
Roma è la rea: chiara è la prova: e pure
Incredibil mi fembra, io te 'l confeffo,
Che in un animo ifteffo
Poffa allignar da sì contrario feme,
Tanta virtù, tanta perfidia infieme.

             Tar.

Tarq. Ecco dell'alme grandi
  Il periglio maggior: Signor tu credi
  Tutti fimili a te. Pur del fallace
  Carattere Romano in Muzio avefti
  Guari non hà l'efempio.

Porf. E' ver: ma quella
  Atroce fua fermezza,
  Quell'eroico difpetto,
  Quel difperato ardir mertan rifpetto.

Tarq. Ma che d'Orazio mai,
  Che giudicar potrai? Sotto la fede
  D'una tregua giurata
  Teffer forprefe; inoffervato al campo
  Sottrarfi; e d'Orator fatto guerriero,
  Noi minacciar non è delitto?

Porf. E' vero:
  Ma per la Patria intanto
  Solo efporfi a perir; refifter folo
  Contro il furor di cento armati e cento;
  Di virtù, di valore è un bel portento.

Tarq. Chiaro di mia fventura
  Ah pur troppo è il tenor. Quell'orgogliofo
  Fafto Roman t'abbaglia: e il tuo mi fcema
  Benefico favor.

E 2   *Porf.*

Porf. T'inganni: al merto
Quando giuſtizia io rendo
L'amiſtà non offendo. Armata, il vedi,
Quì l'Etruria è a tuo prò; le già diſpoſte
Al tragitto, e all'aſſalto
Macchine, e Navi al fin movanſi all'opra
Col notturno favore: e tu le ſchiere
Quando il giorno a ſpuntar non ſia lontano.

SCENA V.

MANNIO, *e detti.*

Man. UN Orator Romano
Giunto pur or, la libertà richiede
D'approdar, di parlarti.
Tarq. (Oh Dei!)
Porf. Che mai
Dirmi potrà! Và s'introduca: or ora
Ad udirlo verrò. (*a*)
Tarq. Queſto è il caſtigo
Dovuto al tradimento?
Porf. Più ſevero ſarà quanto è più lento.

Speſ-

(a) *Mannio parte.*

Speſſo, ſe ben l'affretta
Ragione alla vendetta,
Giove ſoſpende il fulmine
Ma non l'eſtingue ogn'or.
　　E' un fulmine ſoſpeſo
　　Se la ſua man diſſerra;
　　Arde, feriſce, atterra
　　Con impeto maggior.
　　　　　　Speſſo, ec.

S C E N A   VI.

TARQUINIO *ſolo.*

AH m'abbandoni, empia fortuna, e teco
Anche l'ardir. Tutto or pavento, e parmi
Un teſtimonio ogn'ombra.
Ogni voce un'accuſa. Ah donde mai
Tanta viltà? Da qual ſtupore oppreſſo
Non poſſo in me più ritrovar me ſteſſo.
　　In queſta ſelva oſcura
　　Entrai poc'anzi ardito:
　　Or nel cammin ſmarrito
　　Timido errando io vò.

E 3　　　　　Un

Un fol non m'afficura
Raggio di ftella amica:
E par, che il cor mi dica,
Che quì perir dovrò.

      In ec.

S C E N A VII.

Reggia.

Porsenna, *con accompagnamento di Nobili Tofcani, e Soldati, indi* Tarquinio.

Porf. OLà: venga, e s'afcolti
Il Romano Orator. (*a*) Ma perchè mai
Limpido il core in fronte
Non fi legge a ciafcun! Sempre trovarfi
Cinto d'inganni! Ignorar fempre i veri
Interni altrui penfieri! Ah quefta pena
Contamina, avvelena
Il maggior ben, per cui dolce è la vita.
Quefta...

Tarq. Oh ftrana, oh inaudita
Temerità!

        Porf.

(*a*) *Parte un nobile Tofcano.*

Porf. Che avvenne?

Tarq. Imaginarti

Non puoi Signor, qual' Oratore ardifca

Chiedere a te l'ingreffo.

Porf. Chi è mai?

Tarq. No 'l crederefti: è Orazio ifteffo.

Porf. Orazio! E ben l'ottenga.

Tarq. Ah foffrirefti,

Che reo d'infedeltà...

Porf. Sì: non comune

Spettacolo farà, credimi, o Prence,

Ammirarne il contegno:

Veder fino a qual fegno

Arrivi un'alma a mafcherarfi, e a quanto

Fidar l'altrui fi poffa audacia eftrema.

Tar. (Ecco un nuovo periglio: il cor mi trema.)

S C E N A   VIII.

ORAZIO *con feguito di Cavalieri Romani,*
e Detti.

Oraz. DEl pacifico patto

Violato da voi, Porfenna, io vengo

A dimandar ragione. Al Re Tofcano

Ro-

Roma or qui parlerà su'l labbro mio.

Se tu (che nol cred' io)

Fosti dell'opra ingiusta autore, o guida;

La guerra a rinnovar Roma ti sfida.

S'altri mancò di fede;

Il reo, qualunque fia, Roma ti chiede.

Tarq. (Oimè!)

Porf. Questo linguaggio

Strano Orazio è per me. Da voi difese,

Non accuse aspettai.

Tarq. (Che farà!)

Oraz. Noi difese?

Chi fallì si difenda:

La meritata attenda

Ira del ciel vendicatrice: e tremi...

Tarq. Eh qui non giova

Simular meraviglia. A me sul ponte

Dì, non t'offristi armato? A che furtivo

Passar sull'altra sponda?

Oraz. Ai vostri oppormi

Rei disegni io dovea.

Porf. E ben: se i rei siam noi

Produci il nostro accusator.

Oraz. Non doffo

Sen-

Senza farmi spergiuro.

Porf. Il fatto adunque
Orazio vi condanna.

Oraz. E' ver: ma l' armi
Ne affolveran, fe a me non credi. I noftri
Oftaggi intanto a noi fian refi.

Porf. Il dritto
Di chiederli perdefte.

Tar. Un nuovo è quefto
Artificio, o Signor. Già Clelia è in Roma.

Porf. (
Oraz. (Come!

Tar. Lariffa, ed io del fuo tragitto
Fummo or or fpettatori.

Oraz. Oh ftelle!

Tar. Or quale
Di loro intelligenza
Brami altra prova?

Porf. Ah quefto è troppo!

Oraz. E pure
Di noftrà fe...

Porf. Bafta. Hò fofferto affai
Quel colpevole orgoglio.
Và: torna a Roma: e dì, che guerra io voglio.

Oraz.

Oraz. L'avrai, l'avrai, ma trema. A Roma,
oh ftelle!
Perfidie attribuir! Violatrice
Roma de' giuramenti!
Dei, che fofte prefenti
A' facri patti, è voftro il torto: a voi
Confacro il traditor. Vieni, o Porfenna,
Venga l'Etruria; anzi la terra tutta
S'affretti pur contro di noi. Quai fono
Ragion, giuftizia, armi tremende in guerra,
Tutta da Roma imparerà la terra.

De' folgori di Giove
Roma pugnando al lampo
Trarrà compagni in campo
Tutti gli Dei con fe.

Sarà per tutto altrove
A' pofteri d'efempio
Il memorando fcempio
Di chi tradì la fè.

De' ec.

SCE-

SCENA IX.

PORSENNA, e TARQUINIO.

Tar. (REfpiro. Alfin partì.) Tempo è una
    volta,
Che il tuo fdegno real fenta l'ingrata
Ribelle Roma: e che allo fcoffo giogo
Obbligata da te... Ma qual penfiero
Ti fofpende or così?

Porf. Rendon cotefti
Romani tuoi la mia ragion confufa:
L'apparenza gli accufa.
Il contegno gli affolve. Orazio udifti?
Non fa ftupor la fua virtù feroce?
In quella ferma voce,
In quell'aperta fronte,
In quel guardo ficuro, in quel fublime
Intrepido parlar, chi d'innocenza,
Chi mai di verità tutti i più grandi
Luminofi caratteri non vede?

Tar. Troppo, o Porfenna, eccede
Quefta dubbiezza tua. Fù pur convinto
Orazio innanzi a te. Per fua difefa

Baſterà dunque a lui
Finger preſagi, e ſimular fermezza?

SCENA ULTIMA.

CLELIA *con ſeguito di Romani, che ſentendo*
nominarſi da TARQUINIO *s'arreſta pochi*
iſtanti ad aſcoltarlo, non veduta da lui,
ne da PORSENNA: *e ſeco tutti.*

Porſ. NO: ma di mia dubbiezza
Tutto ciò non mi priva.
Tar. E Clelia fuggitiva
Appreſſo al delinquente?
Clel. Tarquinio è un mentitor: Clelia è preſente.
Forſ. Qui Clelia!
Tar. (Or ſon perduto.)
Porſ. A che fuggiſti?
A che torni fra noi?
Clel. Coſtui, Porſenna,
Di rapirmi tentò: d'inſidie intorno
Già cinto ero da lui; fuor che un deſtriero,
Il fiume, e il mio coraggio, altro ſoccorſo
Non reſtava per me: coſtretta andai
Del Tebro ad affrontar l'onda orgoglioſa.
Dell'

Dell'onor mio gelofa
Mi fottraffi a uno fcorno:
Gelofa or di mia fede a voi ritorno.

Porf. Oh portenti!

Lari. Oh fperanze!

Oraz. Ah non è quefto
Il fuo fallo maggiore. Ei fù, che il patto
Perfido infranfe: e frà Porfenna, e Roma
Sofpetti feminò.

Tar. Signor t'inganna:
Non preftar fede alle menzogne altrui.

Clel. Preftala dunque a lui.
Quefto foglio ei vergò. Nega fe puoi
Le note, i fenfi tuoi.

Tar. (Oimè!) (*a*)

Clel. Leggi, o Porfenna. (*b*)

Tar. (Il foglio mio!
L'amico ah mi tradì. Speranze addio.) (*c*)

Porf. E Tarquinio a tal fegno...

Lari. Si dileguò l' indegno.

Man. E la fua fuga
Reo lo conferma.

Porf. Un sì funefto oggetto

Ben

(a) *Atterito.* (b) *Gli porge il foglio.* (c) *Fugge.*

Ben dagli occhj ei mi toglie.

Oraz. Or de' Romani ...

Clel. Del tuo Tarquinio or puoi..ą

Porf. Non infultate

Amici al mio roffor. Di tanti, e tanti

Prodigi di virtù fento il cor mio

Pieno così, che fon Romano anch'io.

Quanti affalti in un dì! Muzio mi fcoffe:

Orazio m'invaghì: ma del trionfo

Hai tu l'onor bella Eroina. E'incerto

S'oggi in Clelia oftentò pompa maggiore

Della patria l'amore,

Il coraggio, la fede,

O l'oneftà. Và: torna a Roma: e vinto

Da te Porfenna annuncia. Offrimi amico,

Offrimi difenfore

Della fua libertà. Chi mai non vede,

Che la protegge il Ciel: che il Ciel voi fcelfe

A dar norme immortali

All'armi, alla ragione: un folo Impero

A far del mondo intero;

Ad onorar l'umanità? Rifpetto

Del Fato il gran difegno: e fon fuperbo

D'effer io deftinato

Il gran difegno a fecondar del Fato.   *CO-*

C O R O.

Oggi a te, gran Re Toscano,
Tua mercè, Roma felice
Della propria è debitrice
Contrastata libertà.

F I N E.

Vidit D. Joseph Maria Vidari Clericus Regularis Sancti Pauli, & in Ecclesia Metropolitana Bononia Pœnitent. pro Eminentissimo, & Reverendissimo Domino D. Card. Vincentio Malvetio Archiep., & S. R. I. Principe.

∾∾∾∾∾∾∾∾∾∾∾∾∾∾∾∾∾∾∾∾∾∾∾∾∾∾

Die 18. *Aprilis* 1763.

Imprimatur.

F. *Thomas Vincentius Ronconi Vicarius Generalis Sancti Offitii Bononia.*

CPSIA information can be obtained
at www.ICGtesting.com
Printed in the USA
BVOW01s2150031116

466901BV00010B/176/P